신사임당

신사임당

이옥수 글 변영미 그림

 비룡소

햇볕이 쨍쨍 내리쬐는 여름, 인선이는 외할아버지와 글공부에 한창이에요.

"하늘 천 땅 지……. 앗, 할아버지, 저기 좀 보세요!"

글을 읽다 말고 인선이가 마루 끝에 붙어 있는 빨간 무당벌레를 가리켰어요.

"자, 착하지 인선아. 할아버지하고 이 글 마저 읽자."

할아버지가 인선이를 안아 들며 말했어요.

"싫어, 싫어! 벌레!"

인선이가 발버둥을 쳤어요. 그러는 사이 무당벌레가 포르르 날아가 버렸지요. 무당벌레를 놓친 인선이의 눈에는 눈물이 그렁그렁했어요.

할아버지는 다정스레 눈물을 닦아 주고는 인선이를 등에 업었어요. 마당에는 채송화, 접시꽃, 백일홍이 흐드러지게 피어 있었어요. 나비들이 그 주위를 너울너울 춤을 추듯 날았지요. 인선이도 두 팔을 벌려 어깨춤을 췄어요.

"어이구 우리 인선이, 무엇이 그리 좋으냐?"
"꽃이랑 벌레랑 나비랑 다 좋아요."
"허허허, 좋은 것도 많다."
 할아버지는 인선이가 가리키는 꽃과 벌레를 따라서 마당을 자근자근 밟으며 걸었어요.

　인선이는 우리나라 최고의 여성 예술가로 손꼽히는 신사임당의 어릴 적 이름이에요. 신사임당은 1504년 강원도 강릉 북평촌에 있는 외가에서 태어났지요.
　인선이는 어린 시절을 줄곧 외갓집에서 보냈어요. 인선이의 어머니가 아픈 외할머니를 모시기 위해 강릉에 내려와 있었기 때문이지요. 마음이 너그럽고 어질었던 인선이의 아버지는 한성(서울의 옛 이름)의 집과 강릉을 오가면서도 아무런 불평을 하지 않았어요.

"아버지, 한성은 여기서 얼마나 멀어요?"

"강릉에서 한성까지는 오백 리도 넘는단다."

인선이는 아버지가 한성으로 돌아갈 때마다 품에서 떨어질 줄을 몰랐어요. 아버지도 인선이를 가슴에 꼭 안고 다정하게 작별 인사를 했지요.

"인선아, 외할아버지 외할머니 어머니 말씀 잘 듣고 건강하게 있어야 한다. 그러면 아버지가 곧 다시 우리 인선이를 보러 올 거야."

　여섯 살 되던 해부터 인선이는 외할아버지에게 글을 배웠어요. 매일 서너 시간씩, 하루도 빠지지 않고 언니와 여동생들과 함께 글공부를 했지요.

조선 시대에는 여자아이에게 글을 가르치는 일이 드물었어요. 여자아이들은 글을 배우는 대신 집안일이나 길쌈(실을 내어 옷감을 짜는 일)하는 법, 바느질하는 법을 배웠지요. 여자는 시집가서 남편에게 잘하고 아이만 잘 기르면 된다고 생각했거든요.

하지만 인선이의 어머니는 여자도 글을 익히고 책을 읽어 자신의 생각을 당당하게 말할 수 있어야 한다고 생각했어요. 그런 생각은 외할아버지도 마찬가지였어요. 외할아버지는 손녀들에게도 손자들과 똑같이 글을 가르쳐 주었지요.

어느 날 글공부 시간에 외할아버지가 급한 볼일이 있어 나가게 되었어요.

"인선아, 할아버지가 잠시 다녀올 데가 있으니, 그동안 여기 있는 글을 종이에 옮겨 적어 두어라."

인선이는 할아버지를 기다리면서 한 자 한 자 정성스레 글을 썼어요.

그런데 어디선가 노랑나비 한 마리가 마당 안으로 팔랑팔랑 날아왔어요.
"야, 나비다!"
인선이는 벌떡 일어나 나비를 따라갔어요.

　나비는 골목 끝 흙담 위에 잠시 앉더니, 다시 날개를 팔랑거리며 어디론가 날아갔어요.
　인선이는 나비가 날아간 하늘을 멍하니 바라보다가, 길옆 풀숲에서 방아깨비를 발견하고 쪼르르 쫓아갔어요. 돌 틈 사이로 개골개골 개구리와 도마뱀과 여치가 보였지요.
　어느새 인선이의 이마에는 송골송골 땀방울이 맺혔어요. 햇빛에 익은 얼굴이 발갰지요.

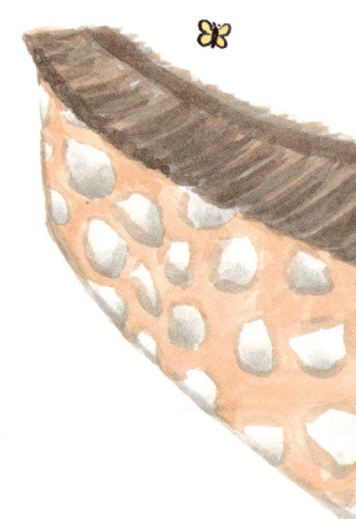

"허어, 인선이 너 이 녀석, 하라는 공부는 않고 어디에 갔다 오는 것이냐?"

마을 이곳저곳을 뛰어다니다가 집에 돌아온 인선이는 외할아버지에게 호되게 꾸중을 들었어요.

하지만 그 후에도 인선이는 풀과 벌레들을 구경하느라 할아버지와 약속한 공부 시간을 잊어버릴 때가 많았어요.

인선이는 꽃, 벌레, 새를 그림으로 그리기를 좋아했어요. 마당에 쪼그리고 앉아 땅바닥에 그림을 그리다 보면 시간 가는 줄을 몰랐지요.

인선이의 그림을 본 어머니와 외할아버지, 외할머니는 깜짝 놀랐어요. 그림 속의 꽃과 나비, 곤충들이 모두 살아 있는 것만 같았거든요.

그 후 외할아버지는 인선이가 마음껏 그림을 그릴 수 있도록 늘 종이와 물감을 넉넉히 준비해 주었어요. 또 집에 손님들이 찾아오면 슬쩍 인선이의 그림을 보여 주며 자랑하기도 했지요.

하루는 먼 친척이 놀러 왔다가 인선이의 그림을 한 장 받아 갔어요. 조그마한 벌레가 풀잎에 앉아 있는 것을 그린 그림이었지요. 그런데 며칠 후 그 친척이 다시 찾아와 놀라운 이야기를 들려주었어요.

"허, 제가 참으로 신기한 구경을 했습니다. 아, 글쎄, 지난번에 얻어 간 인선이의 그림을 잘 말려서 액자에 넣으려고 마당에 널어놨더니, 우리 집 암탉이 중중중 걸어와서는 그림 속의 벌레를 부리로 톡톡 쪼지 뭡니까. 그림 속의 벌레가 진짜인 줄 안 모양이에요. 허허."

인선이의 그림 솜씨는 어린아이가 그린 것이라고는 믿을 수 없을 정도로 뛰어났어요. 하지만 인선이는 결코 잘난 체하거나 뻐기지 않았어요.

마을에 큰 잔치가 열린 날이었어요. 인선이가 잔칫집에서 일손을 돕고 있는데, 한 친구가 울상이 되어 부엌에서 나왔어요.

"어쩌면 좋아. 잔칫집에 온다고 치마를 빌려 입었는데 이렇게 더럽혔으니……."

친구의 치마는 구정물이 튀어 여기저기 얼룩이 져 있었어요. 인선이는 울먹이는 친구를 달래며 말했어요.

"걱정 마, 친구야. 내가 치마에 그림을 그려 줄게."

친구가 치마를 방바닥에 가지런히 펼쳐 놓자, 인선이는 붓을 꺼내 치마에 그림을 슥슥 그렸어요. 보기 흉하던 얼룩이 순식간에 탐스러운 포도알로 변했지요.

"어머, 더러운 얼룩이 어느새 먹음직스러운 포도송이로 바뀌었네! 고마워, 인선아. 이렇게 아름다운 그림을 보면 치마 주인도 기뻐할 거야."

친구의 칭찬에 인선이는 가만히 얼굴을 붉혔어요.

그림 그리기와 붓글씨 쓰기를 좋아한 인선이는 낙관에 새길 호(본명 외에 쓰는 이름)를 만들기로 했어요. 낙관은 그림을 그리거나 글씨를 쓴 후에 글 쓴 사람의 이름이나 호를 새긴 도장을 찍는 거예요.

한참을 고민한 끝에 인선이는 자신의 호를 '사임당'이라고 지었어요. 사임당이란 '태임을 본받는다'는 뜻이었어요. 태임은 중국 주나라의 임금인 문왕의 어머니로, 성품이 바르고 올곧으며 지혜롭기로 유명했지요.

사임당이라고 호를 지은 후, 인선이는 글공부와 그림 그리기에 더욱 힘을 쏟았어요. 또 항상 어진 마음으로 주위 사람들을 돌보고 행동거지를 바르게 하려고 애썼지요.

어느덧 신사임당은 결혼할 나이가 되었어요. 신사임당의 부모님은 여기저기 사윗감을 알아보고 한성에 사는 이원수라는 총각을 신사임당의 짝으로 정했어요.

그런데 결혼 준비를 하는 동안 신사임당은 걱정이 많았어요. 정든 강릉 땅을 떠나 멀리 한성으로 시집을 가야 하는 것도 슬펐고, 늙으신 부모님과도 자주 얼굴을 볼 수 없어 마음이 편치 않았기 때문이지요.

신사임당의 그런 걱정에도 결혼 준비는 착착 진행되었어요.

들판의 곡식이 무르익은 가을, 열아홉 살의 신사임당은 이원수와 혼례를 올리고 부부가 되었어요.

혼례를 올린 날 밤, 신사임당은 부모님 걱정에 밤새 잠을 못 이루었어요.

이튿날 아침, 이원수가 물었어요.

"부인의 얼굴에 근심이 가득합니다. 무슨 일인지 얘기해 보세요."

이원수의 부드러운 말씨에 신사임당은 용기를 내어 집안 사정을 설명했어요.

"제가 한성으로 떠나면 늙으신 부모님과 어린 동생들만 집에 남게 되니 걱정이 됩니다. 서방님께서 허락해 주신다면 얼마 동안 만이라도 친정에 남아서 부모님을 모시고 싶습니다."

"부인의 효성이 지극하니, 내가 어찌 모른 척할 수 있겠습니까. 부인께서는 아무 걱정 마시고 이곳에서 부모님과 어린 동생들이랑 함께 지내세요. 부인이 보고 싶으면 내가 강릉으로 오면 되지요."

착하고 인정 많은 이원수는 신사임당의 부탁을 흔쾌히 들어주었어요. 신사임당은 자신의 마음을 이해해 주는 남편이 너무나 고마웠어요.

　가족들과 함께 행복하게 살 거라 생각했던 신사임당의 결심은 뜻하지 않은 사고로 이루어지지 못했어요. 오랜만에 한성에 다녀오겠다고 집을 나선 아버지가 갑자기 세상을 떠난 거예요.

"아버지, 어찌 그렇게 허무하게 가셨습니까. 가족들도 없는 그 먼 곳에서 홀로 눈을 감으시다니요……."

신사임당은 마음이 찢어질 듯이 아팠어요. 하지만 곧 슬픔을 삭이며 눈물을 거두었어요. 남편을 잃은 충격에 어머니가 몸져누운 데다, 아버지를 부르며 우는 어린 동생들을 보살펴야 했거든요.

"어머니, 아버지도 어머니께서 이렇게 슬퍼하는 것은 원치 않으실 거예요. 어린 동생들을 생각해서라도 기운을 차리세요."

이원수는 편지를 보내 신사임당을 위로했어요.

"부인, 갑자기 장인어른을 잃고 얼마나 마음이 아프시오. 한성과 강릉은 먼 길이라 쉽게 오갈 수 없으니, 장인어른의 삼년상(부모의 죽음을 삼 년 동안 생각하며 슬퍼하는 일)을 마친 후, 한성으로 오시오."

남편의 배려로 신사임당은 가족들과 함께 삼 년을 더 강릉에서 지냈어요.

이윽고 아버지의 삼년상이 끝나고 신사임당이 한성으로 떠날 날이 왔어요.

"어머니, 부디 몸 건강하시고 편히 계십시오."

"내 걱정은 말고 너나 몸조심하며 잘 지내거라."

　동구 밖을 나서면서 신사임당은 몇 번이나 고향 집을 돌아보았어요. 이제 떠나면 언제 다시 돌아올 수 있을지 모른다는 생각에 눈물이 멈추지를 않았어요. 신사임당은 정겨운 고향 집과 집 뒤의 검은 대나무 숲, 친구들과 뛰놀던 들판이 보이지 않을 때까지 보고 또 봤어요.

한성 시집에 도착한 신사임당은 시어머니를 비롯한 친척들에게 차례로 인사를 드렸어요.
친척과 이웃들은 신사임당이 온 것을 기뻐하며 잔치를 열어 주었어요.

남편 이원수는 사랑(집안의 남자 주인이 손님을 접대하는 곳)에서 친구들을 맞았어요.

술기운이 오르자 친구 중 한 명이 말했어요.

"이보게 원수, 자네 부인이 글과 그림에 능하다는 얘기를 들었네. 친구들이 모두 모인 이 좋은 자리에서 자네 부인의 그림 구경이나 한번 하세."

"그것 참 좋은 생각이네. 소문으로만 듣던 자네 부인의 그림을 이제야 볼 수 있겠군."

평소 친구들에게 신사임당의 높은 학식과 그림 솜씨를 자랑해 온 이원수는 어깨가 으쓱해졌어요.

이원수는 집안일을 거드는 아이를 불러 말했어요.

"애야, 안채에 가서 그림을 한 점 받아 오너라."

이원수의 말을 전해 들은 신사임당은 무척 난감했어요. 당시에는 여자가 글을 읽고 그림을 그리는 걸 못마땅하게 생각하는 사람들이 많았거든요. 그래서 시집에 온 첫날부터 그림을 그린다는 게 겸연쩍기도 했고, 혹시나 그림이 밖으로 흘러 나가서 자신이나 가족들이 다른 사람들에게 손가락질받을까 걱정되기도 했지요.

  한참을 고민한 끝에 신사임당은 밖으로 가지고 나갈 수 없는 유기 쟁반에 그림을 그려 보냈어요.

심부름하는 아이가 가져온 쟁반을 본 이원수의 친구들은 깜짝 놀랐어요. 신사임당이 종이나 비단에 그림을 그려 주면, 그것을 얻어 갈 생각이었기 때문이지요.

"부인이 우리 속마음을 훤히 꿰뚫어 보고 쟁반에 그림을 그려 보내셨군."

"과연, 소문대로 지혜로운 부인이로세!"

한성으로 올라온 뒤 신사임당은 시어머니를 모시고 집안일을 돌보느라 잠시도 쉴 틈이 없었어요. 하지만 아무리 바빠도 저녁이 되면 호롱불 밑에 단정히 앉아 책을 읽었어요. 그리고 그림을 그리고 시를 짓다 보면 하루의 피로가 풀리는 것 같았지요.

그해 가을에는 첫아들 선이가 태어났어요. 선이는 무럭무럭 자라서 집안에는 늘 웃음꽃이 피었어요.

그러던 어느 날, 시어머니가 신사임당을 불렀어요.

"아가, 그동안 시집살이에 고생이 많았지. 네 덕분에 나는 몸도 마음도 편하다만, 강릉에 계신 네 어머니께서는 얼마나 네가 보고 싶으시겠니? 선이도 많이 컸으니, 이곳 걱정은 말고 친정에 한번 다녀오렴."

신사임당은 너무나 기뻤어요. 옛날에는 한번 시집을 가면 친정에 가기가 무척 힘들었거든요. 신사임당은 시어머니께 깊이 감사의 절을 올리고는 남편 이원수와 함께 강릉으로 내려갔어요.

강릉에서 지내는 동안, 신사임당은 이원수에게 직접 글공부를 가르치기로 마음먹었어요. 이원수의 학문이 뒤처지는 것은 신사임당의 남모르는 고민거리였어요.

하지만 신사임당의 노력에도 이원수는 좀처럼 공부에 재미를 붙이지 못했어요. 열심히 공부하기로 철석같이 약속을 하고도 며칠 못 가 책을 멀리했지요.

보다 못한 신사임당이 굳은 얼굴로 말했어요.

"서방님께서 말로만 공부를 하겠다 하시고 실천에 옮기지를 않으시니 걱정입니다."

그렇지 않아도 신사임당에 비해 학문이 뒤떨어지는 자신을 부끄러워하던 이원수는 마음을 단단히 먹고 말했어요.

"부인의 말이 옳소. 모질게 마음먹고 앞으로 십 년간 당신과 떨어져서 열심히 학문을 닦겠소."

며칠 뒤 이원수는 글공부를 하러 길을 떠났어요.

십 년간 공부만 하겠노라 큰소리를 쳤는데, 막상 집을 나서자 앞이 아득했어요. 힘겹게 발걸음을 옮기던 이원수는 대관령 고개에서 결국 털썩 주저앉았어요.

'도저히 안 되겠어. 하룻밤만 더 가족들과 지내고 내일 아침 일찍 떠나자.'

이원수는 한달음에 집으로 돌아갔어요.

다음 날 아침, 이원수는 다시 길을 떠났어요. 하지만 서산으로 기우는 해를 보고는 또다시 집으로 발걸음을 돌렸지요.

그렇게 사흘을 아침이면 길을 떠났다가 저녁이 되면 집으로 돌아왔어요. 신사임당은 의지 약한 남편을 더 이상 두고 볼 수가 없었어요.

"그처럼 의지가 약하시니 제가 어찌 서방님을 믿고 살 수 있겠습니까. 저는 이제 머리를 깎고 산에 들어가 스님이 되겠습니다."

"미안하오, 부인. 한 번만 더 나를 믿어 주시오. 내일은 반드시 공부를 하러 떠나리다."

이원수는 깊이 뉘우치고, 그제야 집을 떠났어요.

그 후로도 신사임당은 마음 약한 남편이 바른길로 갈 수 있도록 옆에서 충고를 아끼지 않았어요.

한성에서 살 때의 일이에요. 집안의 아저씨뻘 되는 사람이 반대편에 선 사람들을 몰아내고 영의정(조선 시대 최고 관직) 자리에 올랐어요. 늦도록 벼슬길에 나서지 못하고 있던 이원수는 그 집을 자주 드나들었어요. 영의정인 아저씨의 눈에 들어 작은 벼슬자리라도 하나 얻어 볼 속셈이었지요.

하지만 신사임당은 내가 잘되자고 남을 해치는 사람은 결코 오래갈 수 없다고 생각했어요.

"영의정 댁에 너무 자주 드나들지 마세요. 죄 없는 선비들을 죄인으로 몰아 죽이고 영의정이 되신 분입니다. 옳지 못한 방법으로 잡은 권세는 오래가지 못합니다."

신사임당의 말처럼 얼마 후, 영의정은 반대편 무리에 의해 자리에서 물러났어요. 그를 가까이했던 사람들도 모두 큰 화를 당했지요. 하지만 이원수는 신사임당 덕분에 화를 면했어요.

그러던 어느 날, 신사임당은 이상한 꿈을 꾸었어요.

어디선가 아름다운 선녀가 홀연히 나타나서는 신사임당에게 아기를 안겨 준 거예요. 아기의 얼굴은 옥같이 곱고 티 없이 맑았어요. 한참을 홀린 듯 아기의 얼굴을 들여다보다 고개를 들어 보니, 어느새 선녀는 사라지고 없었어요.

신사임당은 깜짝 놀라 꿈에서 깨어났어요.

그 꿈을 꾼 지 얼마 지나지 않아, 신사임당은 아이를 가졌어요. 신사임당은 몸을 건강하게 유지하며, 좋은 글을 찾아 읽었어요.

아이를 낳을 날이 가까워져 강릉에 내려온 어느 날, 신사임당은 또다시 이상한 꿈을 꾸었어요.

바람이 불고 파도가 일렁이더니, 동해 바다 한가운데에서 크고 검은 용이 눈부신 빛을 뿜으며 하늘로 솟아올랐어요. 용은 하늘을 한 바퀴 돌아 신사임당의 방문 앞에 똬리를 틀고 앉았어요. 신사임당은 사랑스러운 눈으로 용을 바라보다 퍼뜩 잠에서 깨었어요. 곧 진통이 오기 시작했어요.

다음 날 새벽, 신사임당은 건강한 사내아이를 낳았어요.

아기의 얼굴을 처음 본 순간, 신사임당은 깜짝 놀랐어요. 꿈에서 봤던 아기와 생김새가 똑같았기 때문이지요.

신사임당은 친정어머니에게 꿈 이야기를 했어요.

"이 아이가 큰 인물이 되려나 보구나. 정성을 다해 아이를 키우도록 하여라."

이원수도 크게 기뻐했어요.

"아무래도 보통 아이가 아닌가 보오. 아이 이름을 꿈에서 본 검은 용을 뜻하는 '현룡'으로 지읍시다."

이 아이가 바로 조선의 유명한 학자 율곡 이이예요.

현룡이는 어릴 때부터 어린아이답지 않은 영특함으로 어른들을 깜짝 놀라게 했어요.

한번은 현룡이가 이웃 사람에게 붉은 석류를 받아 온 것을 보고 외할머니가 물었어요.

"애, 현룡아. 그것이 무엇인지 알겠느냐?"

"껍질 속에 붉고 작은 구슬을 지닌 석류입니다."

현룡이가 하는 대답에 외할머니는 기쁨을 감추지 못했어요.

현룡이는 성품도 어질고 착했어요.

현룡이가 다섯 살 때 신사임당이 병으로 크게 앓아 누웠어요. 잠시도 어머니 곁을 떠나지 않던 현룡이가 보이지 않아 외할머니가 찾아보니 사당 안에 엎드려 있었어요.

"현룡아, 여기서 무얼 하고 있느냐?"

외할머니가 현룡이에게 물었어요.

"어머니가 빨리 낫게 해 달라고 빌고 있었어요."

외할머니는 어린 손자가 너무나 대견하고 사랑스러워 꼭 안아 주었어요.

서른여덟 살 때 신사임당은 다시 강릉을 떠나 한성으로 갔어요. 늙으신 어머니가 걱정되어 발걸음이 잘 떨어지지 않았지요. 대관령에 오른 신사임당은 어머니를 그리워하며 시를 지었어요.

늙으신 어머님을 고향에 두고
외로이 떠나는 이 마음
돌아보니 북촌은 아득도 한데
흰 구름만 저문 산을 날아 내리네.

- 「유대관령망친정」

한성에 와서도 신사임당은 고향에 계신 어머니 생각에 눈물로 밤을 지새울 때가 많았어요. 신사임당이 강릉을 떠난 지 얼마 지나지 않아 어머니가 세상을 떠나서, 어머니에 대한 그리움은 더욱 컸어요.

산 첩첩 내 고향 천리이건만
자나 깨니 꿈속에도 돌아가고파
한송정 가에는 외로이 뜬 달
경포대 앞에는 한 줄기 바람
갈매기는 모래톱에 헤어졌다 모이고
고깃배들 바다 위로 오고 가리니
언제나 고향 땅에 다시 돌아가
색동옷 입고 앉아 바느질할꼬.

-「사친」

세월이 흘러 신사임당은 일곱 남매를 둔 어머니가 되었어요. 집안일로 바쁜 중에도 신사임당은 공부를 게을리하지 않았고, 어머니가 공부하는 모습을 보고 자란 아이들은 모두 책 읽기를 좋아했어요.

 특히 신비한 꿈을 꾸고 낳은 셋째 아들 이이는 재주가 남달랐어요. 이이는 열세 살 때 과거에서 장원을 차지했어요. 전국에서 모여든 수많은 선비들 가운데 이이의 나이가 가장 어렸지요.

 신사임당은 누구보다 기뻤지만 이이가 자기 재주만 믿고 다른 사람을 깔보는 일이 없도록 더욱 엄하게 가르쳤어요. 신사임당의 그런 교육 덕분에 이이는 모두에게 존경받는 큰 학자가 될 수 있었지요.

　신사임당은 늘 아이들이 스스로 공부할 수 있도록 했어요. 잘한 일은 아낌없이 칭찬하고, 잘못이 있을 때에는 스스로 깨달을 수 있도록 잘 타일렀지요.

아이들은 신사임당의 가르침을 받아 저마다 부지런히 재능을 키워 나갔어요. 큰딸 이매창은 어머니를 닮아 그림을 잘 그렸어요. 셋째 아들 이이는 재상을 지낸 대학자로 자랐어요. 막내아들 이우는 붓글씨와 거문고 연주 실력으로 이름을 날렸지요.

1551년, 쉰 살이 가깝도록 벼슬길에 나서지 못하고 있던 남편 이원수가 '수운판관'이 되었어요. 지방에서 세금으로 거둔 곡식을 배로 한성까지 실어 나르는 것을 감독하는 벼슬이었지요.

　이원수는 큰아들 이선과 셋째 아들 이이를 데리고 평안도로 갔어요.

이원수가 떠난 지 얼마 되지 않아 신사임당은 갑작스러운 병으로 자리에 누웠어요. 큰딸 매창이 달려와 지극정성으로 신사임당을 돌보았지만, 병은 점점 더 깊어만 갔어요.

"어머니, 아버지께 연락을 드릴까요?"

"아니다. 아이들을 좀 불러 주겠니?"

신사임당은 점점 흐려지는 정신을 다잡아 깨끗한 옷으로 갈아입은 후, 집에 남은 자식들을 불러 모았어요.

"사람이 태어나고 죽는 것은 하늘이 정한 이치니, 내가 죽는다고 슬퍼 말고 언제나 바르고 착하게 살아라."

말을 마친 신사임당은 얼굴에 잔잔한 미소를 띤 채 조용히 눈을 감았어요.

신사임당은 남녀 차별이 심하던 조선 시대에 뛰어난 화가이자 시인으로 이름을 떨친 보기 드문 여성이에요.

신사임당이 살던 때에는 여자는 자신의 재능을 발휘하기보다 남편과 자식 뒷바라지만 잘하면 된다고 생각하는 사람들이 많았어요. 하지만 신사임당은 자신의 재능을 결코 포기하지 않았어요. 일곱 아이를 키우고, 부모님을 돌보고, 남편을 보살피는 틈틈이 신사임당은 그림을 그리고 시를 지었어요. 그렇게 완성한 그림과 시는 너무나 아름다워서, 지금도 우리의 소중한 문화유산으로 전해지고 있지요.

오늘날에도 신사임당은 우리나라 최고의 여성 예술인으로서, 똑똑하고 리더십 있는 여성으로서 많은 사람들의 존경을 받고 있어요.

♣ 사진으로 보는 신사임당 이야기 ♣

풀벌레와 꽃을 사랑한 화가

신사임당은 조선 시대의 대표적인 여성 화가예요. 풀과 풀벌레를 비롯해 산과 물, 포도, 대나무, 매화 등 다양한 소재를 그림으로 그렸지요.

신사임당의 대표작인 「초충도」는 여덟 폭의 병풍에 그려진 그림으로, 주위에서 흔히 볼 수 있는 오이, 수박, 가지, 양귀비, 맨드라미, 원추리, 봉선화 등의 식물과 나비, 벌, 메뚜기, 여치, 방아깨비, 쇠똥벌레 등의 곤충을 그린 그림이에요. 이 그림을 보면 자연에 대한 신사임당의 깊은 애정을 알 수 있지요.

신사임당의 초상화예요. 신사임당은 조선 시대에도 지금도 뛰어난 예술가로 인정받고 있답니다.

신사임당이 그린 「초충도」예요. 「초충도」는 총 여덟 작품이 남아 있는데, 위의 그림은 그중 두 개예요. 나비, 꽃, 가지 등이 그려져 있지요.

조선 시대에는 여자를 낮춰 보는 남존여비 사상이 있었어요. 여자는 재능을 발휘할 기회가 많지 않았지요. 하지만 신사임당은 열심히 자신의 재능을 갈고닦아 뛰어난 예술 작품을 여럿 남겼어요.

조선 시대의 많은 학자들은 신사임당의 그림에 대해 "오이와 수박을 보고 있노라면 저도 모르게 입에 침이 고인다."고 칭찬을 아끼지 않았어요. 조선의 제19대 왕인 숙종은 신사임당의 「초충도」를 보고 "풀이랑 벌레가 실물과 똑같구나."라고 감탄했지요. 아들인 율곡 이이는 신사임당의 예술적 재능에 대해 "평소에 그림 솜씨가 비범하여 일곱 살 때부터 안견(「몽유도원도」로 유명한 조선 초기의 화가)의 그림을 모방하여 산수화를 그렸으며 또 포도를 그렸으니, 모두 세상에서 견줄 만한 이가 없었다."라고 글을 남겼어요.

어머니에 대한 그리움을 담은 시

   신사임당은 뛰어난 시인이기도 했어요. 신사임당이 남긴 두 편의 시에는 친정어머니에 대한 그리움과 염려하는 마음이 짙게 배어 있지요.

   신사임당이 서른여덟 살 되던 해에 지은 「유대관령망친정」은 늙은 어머니를 두고 시집으로 가는 도중, 대관령 중턱에서 고향 마을을 내려다보며 지은 시예요. 백발의 어머니를 모시지 못하고 어쩔 수 없이 한성의 시집으로 돌아가야 하는 안타까움을 노래한 시이지요. 본문 50쪽에 실려 있으니 내용을 확인해 보세요.

   한성에서 지낼 때 신사임당은 딸 다섯이 모두 결혼한 뒤 혼자서 지내는 친정어머니 걱정으로 자주 밤잠을 설쳤어요. 그럴 때마다 신사임당은 고향에 대한 그리움과 어머니 곁에 있고 싶은 마음

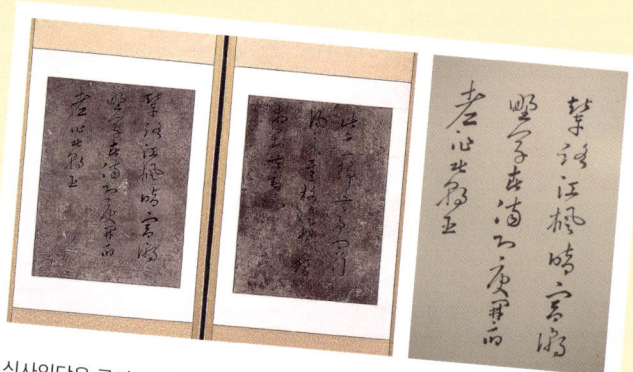

신사임당은 글씨도 잘 썼어요. 1868년 강릉 부사였던 윤종의는 신사임당의 글씨를 보고 "정성 들여 그은 획이 그윽하고 고상하며 정결하고 고요하다."라고 감탄했지요.

을 시로 썼지요. 「사친」이라는 시에 그때 마음이 잘 담겨 있어요. 이 시는 본문 51쪽에 실려 있어요.

강릉 오죽헌

강원도 강릉시 죽헌동에 있는 오죽헌은 신사임당과 조선 시대의 대학자인 율곡 이이가 태어난 집이에요. 집 주위에 검은 대나무가 많이 자라서 '오죽헌'이라는 이름이 붙었지요.

오죽헌에 있는 검은 대나무 숲이에요.

오죽헌의 '몽룡실'은 신사임당이 율곡 이이를 낳은 방이에요. 신사임당이 찬란히 빛나는 검은 용이 동해 바다로부터 날아오는 꿈을 꾼 데서 비롯된 이름이지요.

오죽헌 주변에는 율곡 이이의 영정을 모신 문성사와 율곡 기념관 등이 자리를 잡고 있어요. 율곡 기념관에는 「초충도」를 비롯한 신사임당의 각종 유품과 그림들, 율곡 이이가 쓴 책과 편지, 신사임당의 큰딸인 이매창이 그린 「매화도」, 막내아들 이우가 그린 「국화도」와 글씨 등이 전시되어 있지요.

강원도 강릉에 있는 오죽헌이에요. 오늘날 오죽헌은 보물 제165호로 지정되어, 많은 사람들이 둘러볼 수 있게 되었어요.

오죽헌의 몽룡실 뒤꼍에 있는 매실나무예요. 오죽헌이 세워질 당시에 심은 나무로, 신사임당과 율곡 이이가 직접 가꾸었다고 해요.

화폐에 등장한 신사임당

우리나라에서 2009년부터 새롭게 쓰게 된 오만 원권 지폐에는 신사임당의 초상화와 그림이 그려져 있어요. 여성의 사회적 활동이 제한되었던 조선 시대에 최고의 여성 화가이자 시인, 서예가로 이름을 떨친 것을 인정받아 화폐에 등장한 최초의 여성 인물이 된 거예요.

지금까지 화폐에 나온 인물들은 세종 대왕이나 퇴계 이황처럼 모두 역사적으로 큰 성공을 거둔 남성들이었어요. 그래서 신사임당이 처음으로 화폐 인물이 된 것은 그동안의 관례를 깨는 아주 의미 있는 일이었지요.

하지만 첫 여성 인물이 꼭 신사임당이어야 했느냐며 아쉬워하는 사람들도 있었어요. 현모양처(어진 어머니이면서 착한 아내라는 뜻)의 이미지로 널리 알려진 신사임당보다는 더 주체적이고 자유로운 삶을 산 여성을 뽑았어야 하는 것 아니냐는 의견이었죠.

화폐는 단순히 물건을 사고팔 때 사용하는 도구가 아니라, 그 나라의 역사를 반영하는 중요한 문화예요. 각 나라의 화폐에는 그 나라를 대표하는 역사적 인물이나 동식물, 문화유산 등이 그려져 있지요.

그렇기 때문에 반대하는 사람들은 오랫동안 구시대적인 여성상의 대표 인물로 꼽혔던 신사임당이 인물로 선정되면 여성의 역할을 어머니나 아내로서만 가둘 위험이 있다고 걱정했던 거예요.

율곡 이이가 그려 있는 오천 원권(왼쪽), 신사임당이 그려 있는 오만 원권(오른쪽)이에요. 율곡 이이와 신사임당은 전 세계를 통틀어 유일하게 아들과 어머니가 동시에 화폐 인물이 되었어요.

함께 보면 쏙쏙 이해되는 역사

◆ 1504년
강원도 강릉에서 태어남.

◆ 1522년
이원수와 결혼함.
아버지가 세상을 떠남.

1500   **1520**

◆ 1551년
세상을 떠남.

1550   **1600**

1606년
허난설헌의 시집
《난설헌집》이
우리나라와 중국에서
나옴.

◆ 신사임당의 생애
● 조선 시대 여성들의 역사

◆ 1536년
셋째 아들 율곡 이이를 낳음.

◆ 1541년
고향에 있는 어머니를 그리워하며 「유대관령 망친정」을 지음.

1530 **1540**

1700~

● 1795년
제주의 큰 상인 김만덕이 재산을 팔아 굶어 죽는 제주 사람들을 구함.

추천사

「새싹 인물전」을 펴내면서

　요즈음 아이들에게 '훌륭한 사람'이 누구냐고 물으면 '돈 많이 버는 사람'이라고 대답한다고 합니다. 초등학생의 태반은 가수나 배우가 되고 싶어 하고요. 돈 많이 버는 사람이나 연예인이라는 직업이 나쁘다는 것이 아니라, 아이들이 각자가 갖고 있는 재능과는 상관없이 모두 똑같은 꿈을 갖는 것 같아 걱정입니다. 또 한편으로는 아이들이 진정 마음으로 닮고 싶은 사람에 대한 정보가 부족한 것은 아닌가 하는 생각도 듭니다.
　어릴수록 위인 이야기의 힘은 큽니다. 아직 어리고 조그마한 아이들은 자신이 보잘것없다고 생각하고 위인들의 성공에 감탄합니다. 하지만 그네들에게는 끝없이 열린 미래가 있습니다. 신화처럼 빛나는 위인들의 모습은 아이들에게 훌륭한 역할 모델이 되고, 그런 삶을 살기 위해 무엇을 어떻게 해야 할지를 알려 주는 밝은 등대가 됩니다.
　그렇다면 우리가 어른으로서 아이들에게 권해야 할 위인전은 무엇일까요? 보통 우리가 생각하는 '위인'은 훌륭한 업적을 남긴

위내한 사람, 넛지고 능력 있는 사람입니다. 하지만 시대가 변했으니 아이들이 역할 모델로 삼을 수 있는 위인의 정의나 기준도 변해야 할 것입니다.

그런 의미에서 비룡소의 「새싹 인물전」은 종래의 위인전과는 다른 점이 많습니다. 시리즈 이름이 '위인전'이 아닌 '인물전'이라는 데 주목하기 바랍니다. 「새싹 인물전」은 하늘에서 빛나는 위인을 옆자리 짝꿍의 위치로 내려놓습니다. 만화 같은 친근한 일러스트는 자칫 생소할 수 있는 옛사람들의 이야기를 일상에서 만날 수 있는 재미있는 사건처럼 보여 줍니다.

또 하나, 「새싹 인물전」에는 위인전에 단골로 등장하는 태몽이나 어린 시절의 비범한 에피소드, 위인 예정설 같은 과장이 없습니다. 사실 이런 이야기들은 현대를 사는 아이들에게는 황당하고 이해하기 힘든 일일 뿐입니다. 그보다는 천 리 길도 한 걸음부터, 큰 성공도 자잘한 일상의 인내와 성실함이 없었다면 이루어질 수 없었다는 것을 알려 주는 것이 중요합니다. 세상 사람들의 우러름을 받는 이들도 여느 아이들과 같은 시절을 겪었음을 보여 줌으로써, 아이들에게 괜한 열등감을 주지 않고 그네들의 모습을 마음속에 담을 수 있도록 해 주는 것입니다.

 덧붙여 위인전이란 그 인물이 얼마나 훌륭한 업적을 남겼는가 보여 주는 것도 중요하지만, 얼마나 참된 인간다움을 보였는가를 알려 줄 필요도 있습니다. 여기서 '인간다움'이란 기본적인 선함과 이해심, 남을 위해 봉사할 수 있는 사랑과 배려, 그리고 한 가지 목표를 설정하고 앞으로 나아갈 수 있는 의지와 용기를 말합니다. 성취라는 결과보다는 성취하기 위한 과정을 보여 주고, 사회적인 성공보다는 한 인간으로서 얼마나 자기 자신에게 철저하고 진실했는지를 보여 주는 것이 중요하다는 것입니다.

 하지만 아무리 좋은 가르침도 사랑과 따뜻함이 없으면 억누름과 상처가 될 뿐이겠지요. 「새싹 인물전」은 나의 노력과 의지에 따라 얼마든지 의미 있는 삶을 살 수 있음을 알려 줍니다. 내가 알고 있는 삶 외에도 또 다른 삶이 존재할 수 있다는 것, 꿈을 키우고 이루어 가는 과정에서 배우고 경험하게 되는 것들의 가치, 그런 따뜻함을 담고 있는 위인전입니다. 부디 이 책이 삶의 첫발을 내딛는 아이들에게 좋은 길잡이가 되었으면 하는 바람입니다.

기획 위원

박이문(전 연세대 교수, 철학)
장영희(전 서강대 교수, 영문학)
안광복(중동고 철학 교사, 철학 박사)

● 사진 제공
  60, 62, 65쪽_ 연합 뉴스. 61쪽_ 국립 중앙 박물관. 63~64쪽_ 두산 엔싸이버.

글쓴이 **이옥수**
고려 대학교에서 문학 박사 학위를 받았으며 아동 청소년 문학 작가로 활동하고 있습니다. 지은 책으로는 『아빠 업어 줘』, 『똥 싼 할머니』, 『내 친구는 천사병동에 있다』, 『엄마랑 둘이서』 등이 있다.

그린이 **변영미**
1969년 경기도 용인에서 태어나 중앙 대학교 서양화과와 같은 학교 대학원을 졸업했다. 그린 책으로『할머니의 비밀』, 『힘을, 보여 주마』, 『멀쩡한 이유정』 등이 있다.

새싹 인물전 **신사임당**
023

1판 1쇄 펴냄 2009년 6월 26일 1판 14쇄 펴냄 2020년 5월 22일
2판 1쇄 펴냄 2021년 5월 28일 2판 2쇄 펴냄 2022년 5월 30일

글쓴이 이옥수 그린이 변영미
펴낸이 박상희 편집장 전지선 편집 이지은 디자인 박연미, 지순진
펴낸곳 **(주)비룡소** 출판등록 1994.3.17. (제16-849호)
주소 06027 서울시 강남구 도산대로1길 62 강남출판문화센터 4층
전화 영업 02)515-2000 팩스 02)515-2007 편집 02)3443-4318, 9 홈페이지 www.bir.co.kr
제품명 어린이용 각양장 도서 제조자명 **(주)비룡소** 제조국명 대한민국 사용연령 3세 이상

ⓒ 이옥수, 변영미, 2009. Printed in Seoul, Korea

ISBN 978-89-491-2903-7 74990
ISBN 978-89-491-2880-1 (세트)

「새싹 인물전」 시리즈

- 001 **최무선** 김종렬 글 이경석 그림
- 002 **안네 프랑크** 해리엇 캐스터 글 헬레나 오웬 그림
- 003 **나운규** 남찬숙 글 유승하 그림
- 004 **마리 퀴리** 캐런 월리스 글 닉 워드 그림
- 005 **유일한** 임사라 글 김홍모·임소희 그림
- 006 **윈스턴 처칠** 해리엇 캐스터 글 린 윌리 그림
- 007 **김홍도** 유타루 글 김홍모 그림
- 008 **토머스 에디슨** 캐런 월리스 글 피터 켄트 그림
- 009 **강감찬** 한정기 글 이홍기 그림
- 010 **마하트마 간디** 에마 피시엘 글 리처드 모건 그림
- 011 **세종 대왕** 김선희 글 한지선 그림
- 012 **클레오파트라** 해리엇 캐스터 글 리처드 모건 그림
- 013 **김구** 김종렬 글 이경석 그림
- 014 **헨리 포드** 피터 켄트 글·그림
- 015 **장보고** 이옥수 글 원혜진 그림
- 016 **모차르트** 해리엇 캐스터 글 피터 켄트 그림
- 017 **선덕 여왕** 남찬숙 글 한지선 그림
- 018 **헬렌 켈러** 해리엇 캐스터 글 닉 워드 그림
- 019 **김정호** 김선희 글 서영아 그림
- 020 **로버트 스콧** 에마 피시엘 글 데이브 맥타가트 그림
- 021 **방정환** 유타루 글 이경석 그림
- 022 **나이팅게일** 에마 피시엘 글 피터 켄트 그림
- 023 **신사임당** 이옥수 글 변영미 그림
- 024 **안데르센** 에마 피시엘 글 닉 워드 그림
- 025 **김만덕** 공지희 글 장차현실 그림
- 026 **셰익스피어** 에마 피시엘 글 마틴 렘프리 그림
- 027 **안중근** 남찬숙 글 곽성화 그림
- 028 **카이사르** 에마 피시엘 글 레슬리 뷔시커 그림
- 029 **백남준** 공지희 글 김수박 그림
- 030 **파스퇴르** 캐런 월리스 글 레슬리 뷔시커 그림
- 031 **유관순** 유은실 글 곽성화 그림
- 032 **알렉산더 벨** 에마 피시엘 글 레슬리 뷔시커 그림
- 033 **윤봉길** 김선희 글 김홍모·임소희 그림
- 034 **루이 브라유** 테사 포터 글 헬레나 오웬 그림
- 035 **정약용** 김은미 글 홍선주 그림
- 036 **제임스 와트** 니컬라 백스터 글 마틴 렘프리 그림
- 037 **장영실** 유타루 글 이경석 그림
- 038 **마틴 루서 킹** 베르나 윌킨스 글 린 윌리 그림
- 039 **허준** 유타루 글 이홍기 그림
- 040 **라이트 형제** 김종렬 글 안희건 그림
- 041 **박에스더** 이은정 글 곽성화 그림
- 042 **주몽** 김종렬 글 김홍모 그림
- 043 **광개토 대왕** 김종렬 글 탁영호 그림
- 044 **박지원** 김종갑 글 백보현 그림
- 045 **허난설헌** 김은미 글 유승하 그림
- 046 **링컨** 이명랑 글 오승민 그림
- 047 **정주영** 남경완 글 임소희 그림
- 048 **이호왕** 이영서 글 김홍모 그림
- 049 **어밀리아 에어하트** 조경숙 글 원혜진 그림
- 050 **최은희** 김혜연 글 한지선 그림
- 051 **주시경** 이은정 글 김혜리 그림
- 052 **이태영** 공지희 글 민은정 그림
- 053 **이순신** 김종렬 글 백보현 그림
- 054 **오드리 헵번** 이은정 글 정진희 그림
- 055 **제인 구달** 유은실 글 서영아 그림
- 056 **가브리엘 샤넬** 김선희 글 민은정 그림
- 057 **장 앙리 파브르** 유타루 글 하민석 그림
- 058 **정조 대왕** 김종렬 글 민은정 그림
- 059 **나폴레옹 보나파르트** 남찬숙 글 남궁선하 그림
- 060 **이종욱** 이은정 글 우지현 그림

- 061 **박완서** 유은실 글　이윤희 그림
- 062 **장기려** 유타루 글　정문주 그림
- 063 **김대건** 전현정 글　홍선주 그림
- 064 **권기옥** 강정연 글　오영은 그림
- 065 **왕가리 마타이** 남찬숙 글　윤정미 그림
- 066 **전형필** 김혜연 글　한지선 그림

* 계속 출간됩니다.